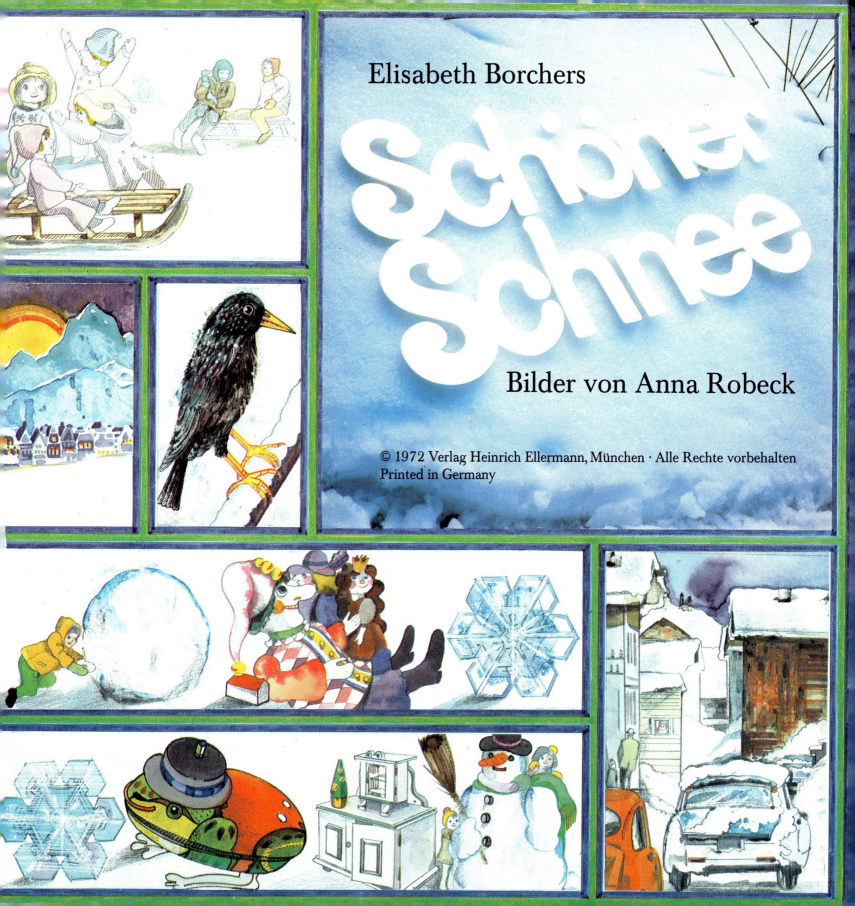

Elisabeth Borchers

Schöner Schnee

Bilder von Anna Robeck

© 1972 Verlag Heinrich Ellermann, München · Alle Rechte vorbehalten
Printed in Germany

Manchmal sagen wir:
Ach, wenn es doch schneien wollte.
Ach, wenn doch der Schnee käme.
Ach, wenn er doch über den Berg käme.
Ach, wenn er doch die Straße entlang käme.
Ach.

Manchmal,
wenn es sehr kalt wird,
kommt Schnee.
Bevor der Schnee kommt,
kann man ihn riechen.
Schnee kommt vom Westen her,
vom Osten oder vom Norden
oder vom Süden.
Manchmal kommt der Schnee am Morgen,
manchmal mittags, manchmal abends.
Manchmal ist der Schnee schon da.

Schnee setzt sich überall hin:
auf Baumspitzen
auf Hüte

auf schräge Dächer
auf Wimpern
auf Schiffe
auf die Köpfe der Pferde und Puppen.

„Was ist schon Schnee?
Schnee ist gefrorenes Wasser, nichts weiter."
„Im November, im Januar, im Februar, im März
und April ist Schnee gefrorenes Wasser."
„Auch im Dezember ist Schnee gefrorenes Wasser."

„Einmal war der Schnee im Dezember etwas anderes.
Jede Schneeflocke war etwas Besonderes. Die eine war
eine Nuß und die zweite eine Brezel und die dritte ein
Apfel und die vierte ein Schaukelpferd und die fünfte
ein Abendstern und die siebte ein Baukasten und die
achte ein Hampelmann und die neunte eine Trompete
und die zehnte ein Schiff und die elfte ein Schlittschuh.
Als ich den Schlittschuh fing, schmolz er sofort und
war ein Wassertropfen. Ich glaube, auch im Dezember
ist Schnee nichts anderes als gefrorenes Wasser."
„Na, siehst du, mehr nicht."

Meistens ist der Schnee sechseckig.
Schnee hat Ecken und Zacken und Strahlen und Striche
und Stäbchen und Säulchen und Blättchen und Plättchen
und Körner und Flügel
und Sterne und Pyramiden.
Schnee ist flach und dünn
und dick und rund
und hoch wie ein Berg,
wie zwei Berge.
Schnee ist schön.

Manchmal fällt der Schnee
Tag und Nacht und Tag und Nacht und Tag und Nacht.
Dann werden die Schneepflüge
in den großen und kleinen Städten klein
neben den Schneebergen,
und die Unordnung wird groß.
Die Autos stehen still,
und die Straßenbahnen stehen still,
und die Menschen stapfen und schnaufen.
In den Wäldern bleiben die Tiere im Schnee
stecken und erfrieren.

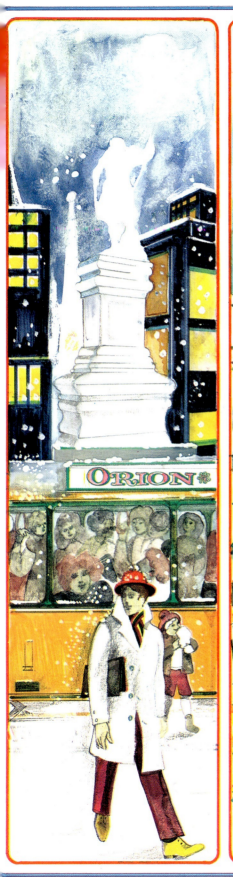

„Ich wünsche mir eine Puppe."

„Wenn du dir eine Puppe wünschst, bekommst du auch eine Puppe. Jeder bekommt, was er will."

„Nur wenn ich brav bin, bekomme ich eine Puppe."

„Alle sagen, du bekommst nur eine Puppe, wenn du brav bist, weil sie wollen, daß du brav bist. Und wenn du nicht brav bist, dann sagen sie, jetzt mußt du aber schön brav sein, weil du eine Puppe bekommen hast. Und wenn du die Puppe hast, dann bist du eben brav oder du bist nicht brav."

„Wenn ich sehr brav bin, fängt es an zu schneien."

„Schnee kommt oder kommt nicht."

Schnee ist viel leichter als eine Feder

und schwerer als ein Stück Eisen.

Schnee ist leichter als ein Sommerkleid.

Der Schnee biegt die Bäume krumm.

Manchmal ist der Schnee

ein Ball, eine Rodelbahn, ein Haus.

Manchmal ist der Schnee ein Mann.

Der Schnee ist niemals eine Frau

oder ein Kind oder ein Hund.

Manchmal fällt der Schnee

Tag und Nacht und Tag und Nacht und Tag und Nacht.

Dann deckt er nicht nur die Hüte und Dächer zu,

sondern auch die Schienen der Züge, und der Schnee

drückt den Zug von den Schienen.

Dann fallen die Wagen um,

und die Menschen in den Wagen fallen um,

und die Scheiben zerbrechen,

und die Wände der Wagen zerbrechen,

und das Unglück ist groß.

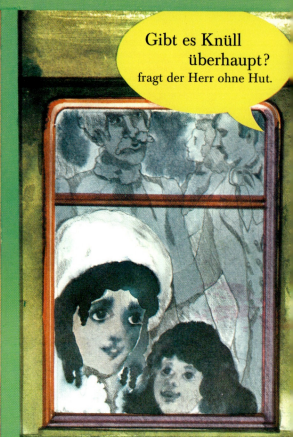

Schnee ist blind, er fällt

vor die Füße,

vor das Auto, in den Schornstein.

Wenn ein Haus brennt, fällt der Schnee auch ins Feuer.

Das Feuer frißt ihn.

Der Wind zerbricht ihn.

Wenn er ins Wasser fällt, ertrinkt er.

Wenn kein Wind geht

und wenn es nicht neblig ist,

ist der Schnee am schönsten.

Wenn Wind geht, zerbricht der Wind

die Ecken und Zacken, die Strahlen und Striche,

die Stäbchen und Säulen, die Blättchen und Plättchen,

die Körner und Flügel, die Sterne und Pyramiden.

Wenn Nebel ist, macht der Nebel den Schnee rauh.

Es gibt auch

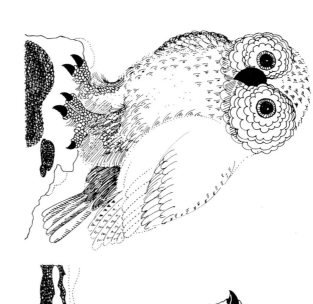

Die Schneeule.

Sie ist vor allem sehr weiß,
wenn sie alt ist.
Im Juni legt sie zehn Eier.
Sie frißt Tag und Nacht.

Das Schneehuhn.

Es frißt nur nachts,
aber es fliegt leicht
und schön.

Der Schneekönig.

Er huscht wie eine Maus
über den Boden.
Er ist aber ein Vogel,
der auch im Winter
singen kann.

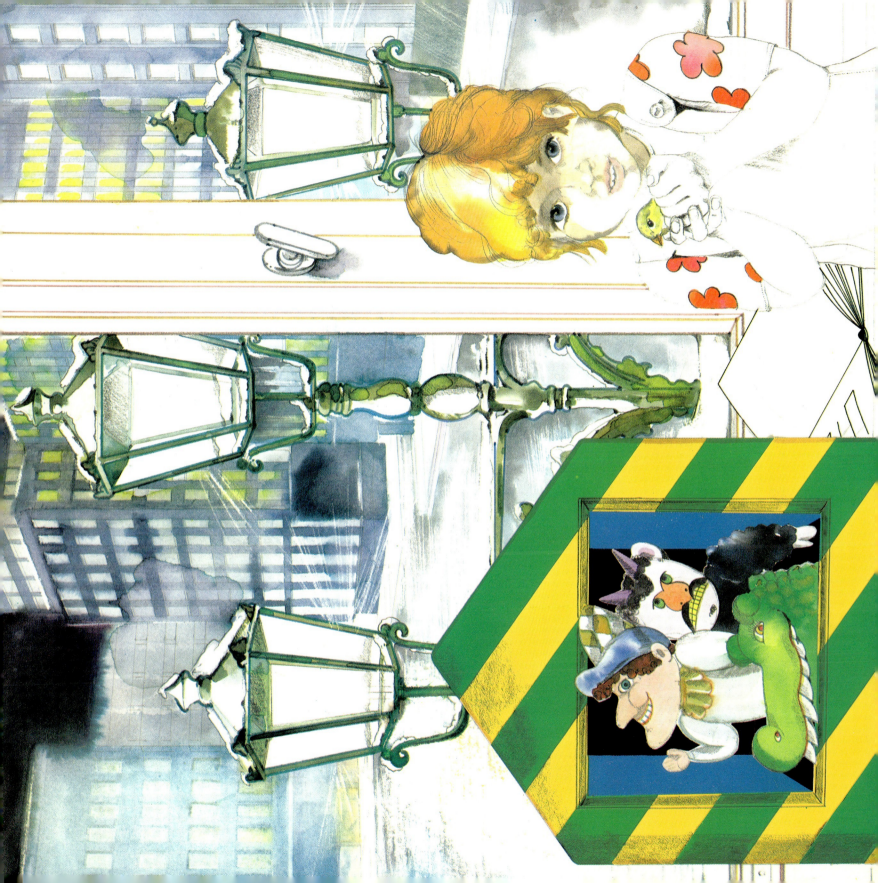

Am Südpol und am Nordpol liegt Schnee
und mitten drin auch.
Schnee ist weiß,
er kann auch blau sein vor Kälte.
Es gibt auch roten Schnee,
auf den Pyrenäen, zum Beispiel, in den Alpen,
im hohen Norden.

Ewig ist, was nicht schmilzt.
Schnee auf den höchsten Bergen, zum Beispiel,
ist ewig.

Lawinen sind Schneemassen, die von den Abhängen hoher und steiler Berge ins Tal gleiten.

Zuerst gleiten sie, dann rutschen sie, dann stürzen sie und nehmen mit, was auf dem Weg liegt, Felsblöcke, Baumstämme und immer mehr und mehr Schnee.

Die Lawinen werden so schnell und stark, daß schon die Luft, die sie vor sich hertreiben, Menschen, Tiere, Bäume und Häuser niederwirft oder fortschleudert.

Stürzt die Lawine ins Tal, geht ein Donnern durchs Tal, und Haus und Mensch und Tier liegen begraben.

Auf dem Schnee kann man auch tanzen.
Und der Schnee macht endlich einmal alles sauber.
Schnee kommt am liebsten im Dezember.
Schnee ist die leiseste Geschichte der Welt.

Es gibt auch eine Schneegeschichte:

Zuerst ist der Schnee sehr klein und sehr fein.
Je heftiger der Wind bläst, um so größer wird der Schnee.
Zuerst ist er so groß wie ein Ei,
dann so groß wie ein Faß,
dann so groß wie ein Haus,
und dann ist der Schnee ein Riese.

Tagsüber kann man den Riesen sehen, am besten aber sieht man ihn nachts, wenn der Schneewind in seinen Rücken aus Schnee bläst und ihn treibt vom Schneeberg hinab ins Schneetal auf seinen Füßen aus Schnee mitten durchs Schneefeld.

Manchmal bleibt er stehen und sieht in den Schneehimmel hinein.

Dann macht die Schneeule auf seiner linken Schulter ein Auge zu.

Manchmal muß eine Geschichte eine Pause machen,
weil sie schon lange dauert
und noch eine Weile dauern soll.
Diese Geschichte macht eine Pause,
weil es zu schneien begonnen hat.
Es schneit, sagt jemand.
O, sagt einer.
Ach, sagt ein anderer.
Alle sehen zum Fenster hinaus.
Es schneit.